W9-AEP-775